AF298504

PEYROT ET MENITON.

OV

TABLEAV DES MINIS-
TRES DE BEARN.

PREMIERE PARTIE.

A AVIGNON.

Par Evsebe de Carpentras,

M. DC. XVIII.

AV PEVPLE HVGENOT
DE BEARN.

EVPLE *Huguenot*, ie n'auois iamais songé à faire le *Tableau* de tes *Ministres*, mais l'insolence, auec laquelle ils ont escrit ces mois derniers, a esmeu mon sentiment. Desormais ie leur feray bonne guerre, & feray voir à toute la Frãce, la turpitude de leur vie, & l'esfronterie felonne auec laquelle ils parlent du *Roy*. Ie ne t'en enuoye que la premiere partie, Tu verras bien tost la secõde plus ample, plus pleine, & plus riche, Le discours Imprimé à *Londres* d'Orthes, m'a importuné de te donner celle cy du soir au matin, affin qu'il ne fut point sans response, & que tu puisses entrer par ma diligence en lumiere de leur malice, pour desaduoüer leur entreprise à calomnier mal'heureusement la loyauté, la pieté, la Religion de ton *Roy*, qu'ils taxent de *Parjure*, d'*Heresie*, de *Tyrannie*,

A ij

soubz les noms de Lyſandre, de Valenti-
nien le Ieune, & d'Achab. Dieu te donne la cognoiſſance de leurs iniquitez, la re-
pentance des tiennes, & te ramene à l'E-
gliſe à Dieu.

soubz les noms de Lyſandre, de Valenti-
nien le Ieune, & d'Achab. Dieu te donne la cognoiſſance de leurs iniquitez, la re-
pentance des tiennes, & te ramene à l'E-
gliſe à Dieu.

PEYROT ET MENIION OV
Tableau des Miniſtres de Bearn.

P.

BoN iour Meniion, bon homme, quel eage aues vous?

M.

I'ay enuiron cent ſix ans, deſquels
i'en ay paſſé les cinquante ou plus en
amertume & detreſſe: & crains de n'é
eſtre point a bout tāt les choſes vōt de
mal en pis en ceſte deſolee Prouince.

P.

Si vous eſtes ſi vieux, comme vous
dictes, vous ſeriez bien le grand Pere
de la Religion des Miniſtres?

M.

Feuſſe-ie pluſtoſt né cōme les Por-
ceaux d'Artigole, que d'eſtre allié ſeulement à aucun de ces miſerables, qui
ont changé ſi vilainement la face de

ma patrie; que ſi nos ayeuls retour-
noiēt au monde, ils n'y cognoiſtroiēt
plus rien, tant ces monſtres d'abomi-
nation ont eſté ſoigneux de renuerſer
& deſtruire tout ce que la fidelité entre les hómes, & la pieté enuers Dieu,
auoient mis en ordre & eſtabliſſemēt.

P.

Menijon faictes moy vn peu le diſcours de la felicité dé nos Peres, &
pour-ce qu'il eſt d'angereux de dire la
verité trop haut retirons nous vn peu
a l'ombre de ces cheſnes & parlōs baſ-
ſement, car les buiſſons ont oreilles.

M.

Le ſilence de nos Peres a trahy l'in-
nocence de noſtre cauſe, leur ſimplici-
té a eſté nuiſible à l'obligation de leur
zele : parlons que tout le monde nons
entéde, qui peut trouuer mauuais que
le malade ſ'eſcrie au ſentiment de ſes
douleurs. Peyrot auant que les Miniſtres feuſſent en Bearn, en pouuoit di-

re qu'entre toutes les Prouinces de la
France, celle-cy conseruoit parfaicte-
ment auec l'vnité de la foy la conion-
ction des affections mutuelles, si es-
troictement liées que nous n'auions
tous qu'vn cœur & qu'vn ame. Nostre
visage estoit le Tableau de nos pésées,
nos paroles les seaux de la verité, nos
actions le tesmoignage de nostre pre-
destination: la candeur de la vie com-
mune, la pureté des mœurs, la naifue-
té de nos comportements estoient l'j-
mage de la premiere jnnocence. Nous
ne sçauions point le mot d'vsure; les
chicanes nous estoient execrables; &
celuy qui auoit procez auec son voi-
sin estoit anathematisé du peuple, s'il
ne s'accordoit promptement & amia-
blemēt de quelque subject que ce fust.

    Mais aussi tost que les Ministres cō-
me locustes de maledictiō ont brotté
en ceste terre, l'ingenuité est deuenue

hypocrisie, la simplicité deception, la
confiance desloyauté, les fermés par-
iures, les prests tyrannie : Nos Peres
ne nous cognoissent plus, nostre felonie degenere de leur mensuetude, nostre audace de leur debonaireté, nostre rebellion de leur obeissance, nostre fureur de leur attrampence, nostre
debordement de leur raison & pru-
d'homie.

Auiourd'huy les Peres trahissent
leur geniture, les enfans mesprisent
leurs peres, les jnimitiés sont irrecon-
cilliables, les enuies allument les di-
uisions, les coleres les attisent, les vē-
geances les entretiennent, & les Ministres en sont cause par les beaux & hō-
nestes articles de leur Religion, qui
enseigne qu'on ne peut point pardon-
ner les ennemis, que l'obseruance des
Commandements de Dieu est imposi-
ble, voire auec le sainct Esprit mesme,

que la

que la seule Foy sans les œuures sau-
ue, le Larron sans qu'il restitue, le Ca-
lomniateur sans qu'il repare l'hõneur
qu'il a flestry, le faulx tesmoing sans
qu'il desdomage celuy qu'il a interessé:
admirable reformation de la Chrestienté, qui rend innocẽts les coulpables
sans leur oster le crime, qui iustifie les
pecheurs sans qu'ils se repentẽt du for
faict: qui guerit la playe sans detersiõ,
du pûs, de la sanie, de la boüe.

Les maximes de ceste religion por-
tent ses sectateurs a toute prophaneté
& malice, & sils nestoiẽt en effect meil-
heurs que leur Religion, quelle bour-
ce seroit asseurée? qu'elle vie hors de
danger? quelle vierge sans defloratiõ?
qu'elle vefue sans outrage? qu'elle ma-
riee sans violẽce? qu'el bien hors d'at-
taque? qu'el mal qui n'eust vogue &
credit puis que les Commandements
de Dieu sont impossibles & puis qu'il
ne faut que croire seulement & voy la

les Compagnons en Paradis sans autre mystere?

O Bearn, ma chere patrie, puisses tu
recognoistre viuement au moins a ce
coup, que toutes les calamitez que tu
as souffertes, il y a cinquante ans ou
plus, te viennent de la part des Ministres! Quand tes temples ont esté des-
molis, & conuertis, par vn sacrilege
inexpiable, en maisons particulieres,
en granges, en estables, en retraicts;
quãd tes ancestres ont esté proscripts,
& que pour le rendre atteints & suffi-
sement conuincus de crimes de mort,
c'estoit asses de prouuer qu'ils estoient
bons Catholiques; quand ils estoient
reputez infames, & tenus pour exco-
muniez de tout ordre, de tout rang,
de toute charge: iusques aux plus petits villages, ou les ames estoiẽt achep
tées pour l'Enfert au prix d'vn Chape-
ron de Iurat, ou d'vn baston de Bayle,
c'estoient les seuls ministres qui estoiẽt

les architectes de ces calamitez &
miseres publiques.

C'est vn grād remede aux maladies
les plus desesperées d'ē cognoistre la
cause; toutes les afflictiōs qui arriuēt,
ou particulieremēt par tant de diuer-
sitez de maladies, ou vniuersellemēt,
par tant d'injures, d'ont le Ciel nous
bat, en orages, en foudres en gresles,
tout cela a son merite en la peruerse
doctrine des Ministres, qui laisse vi-
ure tout le monde a sa fantasie : ainsi
Dieu se courrouçant de la corruption
generalle de nos mœurs, fondee en
article de Foy Huguenote, que le fidelle ne peut estre dāné, qu'els pechez
abominables qu'il commette, il nous
chastie rigoureusement, voire igno-
minieusement par la puissance qu'il a
dōnée au Diable sur les Sorciers auec
autant de justice que de secret : Cala-
mité, qui estoit inoüye en tout le pays,
auant que ces pretēdus reformateurs

euſſent oſté les Sacrements, & donné
liberté de côſcience a vn chacun, ceſt
adire, priuilege de faire tout ce qu'il
voudroit, ſans reſpecter n'y Dieu, n'y
Ange n'y homme, pourueu ſeulement
qu'il ne ſoit point catholique romain.

P.

Tu me dis choſes eſträges Menijon,
raconte moy en particulier la vie de
quelques Miniſtres, peu ſuffiront pour
cognoiſtre le genie de tous.

M.

Peyrot tu cognois auſſi bien que
moy tous ceux qui ſont auiourd'huy:
les Miniſtres ont a leur arriuée deſcrié
noſtre Religiõ, par la mauuaiſe vie
de nos Pbreſtres, qui leur voudra deſ-
ormais rëdre la pareille il pourra da-
mer côtre eux, car pour vne faute qu'-
ils ont trouué en ceux, ſur leſquels ils
ſe ſont iettez, ils ſe voyent enuelopez
en des abominatiõs que la pureté des
oreilles Catholiques ne peut ouyr.

Ie ne te parleray poinct de ceux qui
viuent: mais ie te donneray leur Confession propre pour regle de tout ce
que tu dois croire d'eux. Ils disēt *qu'ils
sont enclins a tout mal, & inutils a tout
bien, & que sans cesse ils transgressent les
Commandements de Dieu.* Voyla la seule verité qui se trouue en leur Religiō:
de la vient l'enormité de leur vie bru-
tale & toute enseuelie dãs les sens, telle que te la scais de plusieurs, comme
de Boidiu vn des accorts Ministres de
tout le Bearn, qui se desespera à Pau,
se jettant du haut de la tour du Cha-
steau en bas, ayant esté prealablemēt
conuincu d'epoisonnement, de meur-
tre & d'adultere.

Mais n'espargnons point les Apo-
stats, n'ayons jamais paix auec eux;
vn des premiers Ministres à esté Solon
Carme deffroqué du Conuent de Tar-
be, pour seau de sa chaste vocation, il
espousa cinq femmes, qu'il assailloit

auec belle execution côme vn Milor
delbasté. Ie ne parle que de ses Saras:
les Agars n'en ont point faict pleinte,
il ne leur fit iamais rien contre nature.

Ce crime estoit pour Faugé le plus
docte Ministre que le Parlemét de Pau
aye onques ouy. Il se sauua d'Espa-
gne, puant Sodomite qu'il estoit, &
de ce crime se fit vne marche pour ar-
riuer au ministeriat, pandant lequel il
ne fust point inutile, car il a laissé vne
formiliere d'enfans & de filles, qui, a-
pres son decés, ont remply les estables
& tauernes, de palefreniers & seruan-
tes, bien nous en print que sa femme
n'auoit point deux matrices, il les eut
remplies a droict & a l'enuers, & auec
sa multiplication eut affamé le pays.

Ne t'estône point Peyrot, car, sans
conter Melet Pbrestre renié, qui des-
baucha vne vestale & fut sur la fin de
ses iours desbauché par vne vielle pu-
tain, qu'il auoit ètretenu lôguesannées

à plaisir. Il y a encore deux Moynes
deffroquez desquels il faut faire me-
moire: en turpitude leur feste seroit de
la premiere classe. Le premier est Cus-
sonnel, petit yurognon jadis Augu-
stin du Conuent de Marciac, qui est
encore plein de vie & de vin, qui sur-
passant toute sallete faict trousser sa
femme a nud, iusques au dessoubs des
esselles, & la faict pirouetter & dãcer,
vn genet a la main, pour la remettre
en cadêce, si elle faisoit quelque faus-
se mesure: or cela se fait les apres dis-
nees, Quand ils sont tout deux souls,
car on raconte d'elle qu'elle est beuet-
te comme vne pinte de Cabaret.

Le second est Thouuar Carme Es-
pagnol. Toute la ville d'Ortés rendra
tesmoignage à la verité de ceste histoi-
re; c'est Apostat agé de 40. ans despe-
cha en moings de dix huict mois deux
femmes l'vne agée de 20. ans, l'autre
de dix seulemêt: chose pitoyable pour

ceſte pauure creature, qui deuoit faire litiere en ſa tandretté & enfance, a vn Moyne fougoux, ſi ſa mere veſue agee de 30. ans, n'euſt ſupplée enuers ſon gendre a l'incapacité de ſa fille par charité reformée. Dieu en fit végeance car la fille, la mere & la maiſon furent conſommees de feu en vn inſtant, ſans que perſonne du momde y peut apporter ſecours, & le Moyne vn tēps apres creua, ayant rōpu ſangles, poitral & croupiere, apres vne jeune geniſſe, ſelon la depoſitiō qu'en fit apres Faget Medecin de la ville & Huguenot oultré.

P.

Ie péſe que ceſte bouquinerie a bien gaſté l'antique pureté de nos compatriotes.

M.

I'ay horreur, Peyrot, de l'impudence ou les preches libertins & les exemples de lubricité abandonnée de ces

malheureux

mal'heureux ōt porté nos gens. Car
i'ay ouy mille foix c'este effrōterie en
la bouche des femmes, qu'elles plei-
gnoient les galants ieunes hōmes, qui
se vouans a la Pbreftrife, priuoient le
pays du tallat de leur generation, ju-
gez si celles-cy n'eftoiēt pas bien con-
tinētes, qui auoient ouy prefcher que
la Chafteté eftoit impofsible, & qui eft
le commun jargon des Miniftres.
    Doctrine odieuse aux perfonnes de
jugement, que perfonne ne puiffe gar-
der continence: & que deuons nous
croire des ieunes hommes qui ne font
point encore mariés, font ils profti-
tues du tout? que deuons nons croire
des filles, des vefues, des mariees, en
l'abfence ou pendant l'infirmité de
leurs efpoux? fōt elles toutes putains?
font elles abandonnees a chien & a
chat comme l'on dict? tout cecy s'en
enfuit neceffairement de la doctrine
des Miniftres. ô belle fciēce: ô panon-

C

ceau de Bordel, aussi bien que les sa-
tisfactiõs de Theatre, qu'on fait faire
a vne pauure femme, qui se sera escou-
lee sur les talõs: on la mettra sur vn ta-
bouret, en l'assemblee du peuple : en
plain presche, pour dire que la barri-
que est percee, comme il en arriua à
Lascar, a la sœur du Ministre Broqua-
ret. Voyla comme les Ministres ont
changé la confession particuliere en
confusion publique: & le secret du Sa-
crement en etiquette de chair a ven-
dre; mais ce qui ma tousiours depleu
grandement, mon enfant Peyrot, cest
que le reuenu des fondations que nos
majeurs auoient faictes en faueur des
Trespassez, Et le bien des Hospitaux
de Lascar, d'Orthés, & d'ailleurs a esté
tousiours diuerty a bien veigner les a-
postats, qu'on a veu aussitost cœffés
que desfroquez, mariez que Ministres,
Peres que maris, tant la terre est riche
& feconde, quãd vn Moyne desbrayé

l'arrose, ainsi le patrimoine des pauures est employé a faire nopces inces-
tueuses, a estrener les putains (car toute femme de Pbrestre renié est telle) à
recompenser le trauail du Mariage,
plus ou moins, selon que le fruit de sa
couche est masle ou femelle : encore
nous faut il dire, Benite soit la beso-
gne ; autremēt nous serions seditieux.

P.

Ne parlons plus de ses vilenies, dis-
moy en vn mot, s'il y a, ou s'il y a iamais eu aucun efant noble qui en toute la Prouince se soit addonné au Ministere.

M.

La prouidence Diuine a paru icy
beaucoup : car c'est chose remarqua-
ble qu'aucun noble, n'y fils de conseil-
lés, n'y enfant de bonne maison se soit
faict Ministre, Dieu ne voulant que les
simples fussent deçeus par ceste appa-
rance : les peres ou meres tant de ceux

qui ont esté, que de ceux qui sont a
present, sont chetif vignerons, vĕdeu-
ses de fagot, l'ordure, les balieures du
pays, canaille maloutrue, qui pour tirer leurs enfans de la mendicité les
donnent au Ministere, qu'ils, accep-
rent pour auoir du pain, pour espou-
ser vn penail de femme, & asseurer,
par ceste voye, vn support a leur mise-
rable vie: óu estoit la Ministerie quand
nostre foor se faisoit qui exēptoit les
Pb̄restres & les nobles de Pōtage? que
ne paroissoit elle au moins parmy les
cagots puantes reliques ou des Arri-
ens, ou des Albigois, pour participer
aux Indnlgēces & jmmunitez du pays
comme eux, mais elle n'estoit point,
elle est née de peché & mere de peché,
vile, mesquine roturiere qui n'a aucun
rang, n'y au ciel n'y en terre.

P.

Grande pauureté; n'y a il pas au
moings quelque bon esprit.

M.

Peyrot les Ministres de Bearn, monstrent qu'en l'espece des ames toutes
ne sont pas en mesme degré de perfec-
tion; ou ils sont bestes tout a faict, ou
ils ne sont pas d'vn point au pardessus
de l'asne, essençes flasques pour le bié,
aspres & violentes pour le mal, ie n'en
excepte aucun ; on a voulu donner
quelque ordre a Charles, mais c'est vn
demeneur de cliquettes, vn estourdy,
& estropié en la meilleure part de sa
ceruelle. Pour se recommander en in-
fortuné Erostrate, il escriuit il y a
quelque téps, vne lettre de seditió, qui
fust Imprimée, dans laquelle il medi-
soit de messieurs noz deux Euesques,
impudent epicene, rouilleux refait,
esprit couuert de chassie, tu ne pou-
uois porter le lustre de ces deux Prelats, sans vomir côtre eux les vapeurs
de ta malice, nô plus que d'autres qui
sont de plus haut banc que toy, qui

ont trampé en ton audace, car eux &
toy ne pouuans furuiure par reputation a voſtre mort, enragez de ce que
ces deux Illuſtres Prelats ſement vne
gloire immortelle, pour leurs maiſōs
à la poſterite, par le rare merite de
toutes leurs actions. Leur naiſſance
eſt irreprochable, leur accroiſſement
plein d'honneur, leur valeur au delà de
leur charge; deffaillans ils ſubſiſterōt.
Les Phœnix renaiſſēt de leurs cédres.
leur vie & leur nom ſera recommandé
à jamais dās l'Egliſe, & toy & les par-
tiſans de ta folie, *ſepeliemini ſepulcura
aſini.*

P.

Puis qu'il eſt ainſi comme tu viens
de dire, les Bearnois qui ōt bon eſprit,
comment croyent ils a ſes Butors.

M.

Peyrottel faict ſemblant de les eſti-
mer fort, qu'il les meſpriſe beaucoup.
Il y a trois ſortes d'Huguenots en

Bearn. Premièrement les Idiots, qui
font quelques Cordōniers, Tailleurs,
Barbiers, & autres petites gens, qu'on
met en charge de furueillans, de Dia-
cres, d'Anciens, & ainfi on les amufe
abufant de leur ftolidité, & ceux-cy
croyēt aux Miniftres comme en Dieu.
Secondement les indifferents qui font
en grand nombre qui ne fe fouciēt n'y
d'vne n'y d'autre Religion, qui n'en-
trant iamais en curiofité, fi on fe fauue
ou fi on fe damne, qui ne croyent que
la vie prefente, & ceux-cy n'y ne les
eftiment, n'y ne les mefprifent, pour la
plufpart, quoy que les plus deliez s'ē
moquent, & font contes de leurs Pref-
ches pour rire. Troifiemement les Politiques, qui aymēt mieux eftre les pre
miers a Billere, que les feconds a Pau,
qui fe feruent de la Religion, & des
Miniftres pour l'honneur, pour le rág,
pour les moyēs, pour la faueur, pour
la reputation, encore bien qu'ils jugēt

que leur cas ne vaut riē. La chair pre-
uaut contre l'esprit, tel est en fort grād
merite parmy les consistoriaux, que
couerty a l'Eglise, n'y paroistroit, non
plus qu'vn atome en l'air, & cela les
retient, & faict, qu'ils font estat exte-
rieurement des Ministres, comme de
leurs Pasteurs, mais en effect ils ne les
prisent rien: que s'ils pouuoient auoir
en l'Eglise Romaine le rang, que leur
ambition desire, ils quiteroient le party, qu'ils professent, mais en nostre E-
glise il y a tant de grāds, tant de doc-
tes, que tous les conuertis ne peuuent
estre que petits, & ignorans..

P.

Les Ministres sont ils cruels?

M.

Tous les individus qui sont soubs
vne espece participent esgalement de
son essence, pour cognoistre la nature
d'vn homme en particulier, il suffit de
cognoistre la definition de l'homme
en com-

en commun: pour n'ignorer point qui
sont les Ministres de Bearn, il faut sça-
uoir ce qu'ils sont vniuersellemēt. Luther ━ les appelle fanatiques, decep-
teurs, sanguinaires, meurtriers, seditieux. Et le Roy de la grāde Bretagne,
duquel le tesmoignage est irreprochable, dict en son present Royal, qu'ils
sont tous pajures tous perfides, tous
calomniateurs & seditieux, pires que
les Bandoliers des Montagnes, & pi-
rates de Mer.

De sorte que selon Luther, & selon
le Roy d'Angleterre Ministre & cruel
est tout vn: deux termes reciproques,
l'vn signifie l'autre, vrais sinonimes ou
il n'y en a point au monde, toutes les
calamitez de la France depuis soixan-
te ans ou plus sont originaires de leur
faction: si bien qu'on les peut appeller
les Cains en la maison d'Abel: les Bar-
rabas en la Cité de Hierusalem.

Ce pauure pays a esté le Theatre de

D

leurs sauuages fureurs: ils ont a leur
arriuée esgorgé la noblesse, masacré
les Pasteurs, escartelé les brebis; les
chiens ont souuent leché & regorgé le
sang, que leur scythique barbarie es-
pâchoit inhumainement auec plaisir
& delices.

Qui se pourroit souuenir sans dou-
leur du biblot auec lequel on estouf-
foit les Catholiques dans Lascar? des
mutilations honteuses qu'on faisoit
sur leurs corps? des charretes funestes
qui les portoient amoncellez comme
carcasses d'abominatiõ dans le Gaue?
Qui peut passer sans horreur sur le põt
d'Ortés, ou vne fenestre porte encore
auiourd'huy le nom de fenestre, deûs
caperaas pource qu'õ les precipitoit
de la en bas auec rage & fureur? La
patience des esleuz s'exerce en latten-
te de la Iustice de Dieu; l'execrable
forme de supplices que les Ministres
ont trouuée, pour flestrit les membres

les plus floriſſants de ſon Egliſe en cette Prouince , condamneront au iour
du iugement leur cruauté & felonie.

Car ils ont voulu diffamer la Religion par l'abominable nouueauté des
peines de ſes ſacrificateurs, perdre ſon
luſtre auec leur mort , Enſeuelir ſa
gloire dans l'opprobre & cōtumelie
de leurs ſouffrances; mais leurs deſ-
ſeins ont eſté ſans effect, Dieu par ſa
grace & par le ſang de ſes martyrs s'e-
ſtāt conſerué trēte Catholiques pour
vn Huguenot, Et Catholiques ſi enti-
ers, ſi fermes, ſi conſtans, qu'il ne ſe
peut point trouuer au reſte du monde
victimes plus preparées pour honno-
rer la Foy, ſi Dieu ſen vouloit ſeruir.

P.

Sont ils ſeditieux?

M.

Laiſſons les diuerſes eſmotiōs qu'ils
ont cauſé en diuers temps: le ciel eſt
touſiours chargé d'orage du coſté ou

ils se tournent. Ces iours passez que
le Roy a enuoyé vn Commissaire pour
remettre les Ecclesiastiques en posses-
sion de leurs biens : les Ministres, &
les Gentils-hômes de leur party, Dis-
crette Ministre parlant, luy ont donné deux aduis, l'vn qu'il ne presentat
point sa Commission; qu'ils estoient
prests de mourir eux, & leurs enfans,
plustost qu'en permettre l'execution,
l'autre qu'il se retirat s'il estoit sage.

O Siecle! ô impunité! allaiterés
vous tousiours la rebellion? les Ministres de Bearn, gens de neant done-
ront congé à vn Commissaire que le
Roy enuoye expressement pour exe-
cuter ses volontez, pour descharger
sa conscience, pour rendre a l'Eglise
ce qui luy appartient? ils disposeront
de la noblesse, de leur Espée, de leur
courage, de leurs enfans, pour en faire oblation a la perfidie, & doner em-
peschement aux saintes & religieuses

intentions d'vn Prince iuste, & du Roy
des François?

Le dementy, Sire vous en demeure-
ra-t'il? Vous qui estes le soleil viuifi-
ant du plus Chrestien Empire de la
terre, arresterez vous vostre course?
suspendrez vous vos influances, pour
le rencontre d'vne foible nuée de cinquante Ministres pleine de vent? Que
diroit le Prince de l'Eglise? que diroit
le Roy Catholique? que diroit l'Empereur? que diroit tout le monde, qui
vous regarde comme l'orient des feli-
citez de l'Eglise, qui vous craint, qui
vous redoute comme le plus puissant
bas de la terre? Vous qui par le merite de la Foy estes le Fils aisné de l'Eglise, qui estes Louys de nom, & iuste de
cognô, qui estes parét de deux Saints,
l'vn du costé paternel, l'autre du costé
maternel, Sainct Louys & Saint Charles, les deux yeux de vostre Septre, les
deux Anges gardiens de vos Coron-

nes, vous ne conduiriez point à chef
vn œuure, de laquelle dépend le salut
de plusieurs milliers d'ames? vn œuure
que Dieu vous a jnspirée, qu'il vous a
gardée, affin que vous en fussiez l'exe-
cuteur à son honneur & à vostre propre gloire.

Toute la Chrestienté, Sire, s'est res-
iouye d'vne parole que vous dictes vn
iour, *Ie n'ayme, n'y ne crains les Huguenots.* C'est ce qui faict esperer aux
Catholiques de vostre souueraineté
de Bearn, qui vostre Majesté ne rela-
chera rien de ses resolutions. N'est il
pas temps qu'ils respirent apres soixā-
te ans d'afflictions cōtinuelles, & qu'ils
puissent seruir libremēt le Dieu, pour
l'adoratiō duquel, on vous a veu souuent descēdre du Carrosse l'ors qu'on
le portoit aux malades en vostre ville
de Paris?

Ce n'est pas, Sire, que les Huguenots ne feussēt formidables s'ils estoiēt

auſſi forts que malicieux ; mais voſtre
Majeſté eſt aſſez bien informée de leur
impuiſſance, & leur rebellion teſmoi-
gne aſſez leur cœur. ô qu'il y a grande differance des Catholiques Bearnois, aux Huguenots Bearnois ! il ne
ſe trouuerra iamais en l'hiſtoire que
les Catholiques ayant dict vne ſeule
parole d'indiſcretion côtre le reſpect
de leurs Seigneurs ; non pas meſme
quand on les priuoit de leurs biens, de
leurs honneurs, & de l'exercice de la
Religion, qui eſt la choſe la plus deli-
cate, & chatoüilleuſe qui ſoit au monde, tant s'en faut qu'ils ayent rien en-
treprins contre la Reyne, côme men-
tent impudémenta leur acoſtumé, les
Miniſtres en la page 15. du diſcours
d'ont ie ⸿ parleray apres. Mais les
Huguenots ſe mutinent, s'eſmeuuent,
parlent inſolement, ſouſleuët vos peuples contre voſtre auctorité, quand
vous voulez rendre juſtice à Dieu, a

l'Eglise, a voſtre conſcience, tant eſt
puiſſant le venin de l'hereſie, qu'il me-
tamorphoſe iuſques a la complexion
naturelle, qu'elle fait farouche & ſau-
uage, quoy que de ſon coulât elle doi-
ue eſtre douce & paiſible.

P.

Tu nés pas à Paris, Meniſon pour
parler au Roy ; ie cognois que le zele,
t'enporte, retourne familierement a
moy, quelque eſprit de liberé parlera
a ſa Majeſté de tous affaires : informe
moy du reſte.

M.

Apres l'harangue de Diſcrotte, l'E-
cho des paſſions de ſes confreres,
Monſieur le Commiſſaire demeure
touſiours ſemblable a ſoy meſme, cõ-
ſtant iuſques au martire & pour la Foy
qu'il a en Ieſus-Chriſt, & pour la fidelité qu'il a pour ſon Prince, reſolu de-
xecuter ſes commandements.

Peu de jours apres arriuēt a Pau, vne
troupe

troupe de ieunes Bãdoliers, Escoliers
de fortune, & du college d'Orthés,
soubs la conduitte de Bedoraâ regent
cinquiesme, armee de Pistolets & Ca-
rabines, auec resolution de tuer Monsieur Renard Commissaire susdict, &
ayant esté empeschez de cest effet par
monsieur de Lechemia hoste dudict
Seigneur Commissaire, ils taschent en
plein midy, en pleine ville de Pau, à la
veüe du Gouuerneur & du Parlement
d'enfoncer la porte.

Surquoy ayant esté faict vne ordon-
nance de cotton, que les Escoliers
vuideroiët la ville, ils s'en vont dãs le
jardin du Roy, vis a vis des fenestres
du logis du Sieur Commissaire, &
crient insolemẽt & long temps au Renard, & tirent a ses fenestres vne tren-
tene de coups de Pistolets, sãs que per-
sonne se remuat contre eux.

P.

Qu'est-ce qu'il te semble de ceste

E

action.

M.

Peyrot il y a plusieurs choses a con-
siderer. Premierement: que les Escoliers ne sont point sortis d'Orthés que
par la direction des Ministres. Secondement: que les Regens y sont com-
plices. 3. que le Principal en doit res-
pondre. 4. qu'il à donné vn Pedant,
pour les conduire, & que pour cela
seullement le College d'Orthés méri-
te d'estre razé, comme estant vn semi-
naire de coquineaux, nourris à la rebellion & a la desobeissance. 5. que
Les Iurats de la ville en sont compta-
bles a sa Majesté, & qu'auec ceste action, il faut joindre la sedition, que fit
Vispalie estant Iurat, & en qualité de
Iurat, il y a huict ans, quand il attacha
publiquement la Croix de la main a
vn clerc, qui alloit deuāt vn conuoy,
la jetta par terre, esteignit les cierges,
mit en desordre les Catholiques, & le

corps demeura seul sur la place. 6.
Ceux qui ont l'authorité & la Iustice
en main, doiuent rendre raison de leur
tollerance en vne entreprise si hardie,
si publique, si importante que de la vie
d'vn homme, & d'vn homme Commissaire du Roy : Car il semble qu'il fal-
loit prendre ceste bande, brascher Be-
dora, & mettre la canaille entre les
mains du Borreau , qui les fouettat a
dos & a ventre sur le carreau, les exēp-
tāt de la corde en faueur de leur eage,
& de leur ignorance, car on pardon-
ne aisemēt aux fols: toutesfois en ma-
tiere de rebellion contre le Prince, les
bons Iuges ne doibuent iamais estre
misericordieux.

Et si deslors que ces escerüellez en
pleine paix, & aux plus grand calme
du Royaume, se mirent (entreprise
sans exemple) a desmolir ce qui re-
stoit d'entier au Conuét des Iacobins
dans Orthés, on eust viuement infor-

mé de cette infolence, & qu'on euſt
chaſtié les coulpables, ils ne ſeroint
pas venus dans Pau, tirer coups de
Piſtolets a vn Commiſſaire du Roy;
que ſi ces crimes ſont impunis, s'il n'y
a point de correction pour ces Rauail
lacs ou en ſommes nous? ou eſt l'honneur & le reſpect du Roy? ou eſt la
recognoiſſance de ſon auctorité? ſi ſes
images viues ne ſont pas aſſeurées, ſi
leur protection n'eſt eſpouſée, par la
loyauté de ceux qui luy ſont les plus
redeuables, ſoubs quels deſtins viuõs
nous?

P.

Côtez moy le reſte Menijon, le Roy
s'en prandra bien a qui il faudra, &
comme il faudra.

M.

Apres que ces Eſcoliers ſe furẽt re-
tirez leur ſucceda incontinent vne eſ-
couade de ſoldats de Salies, deſquels
vn ſe rompit la cuiſſe, & donnoit la

malediction à tous ceux qui luy aueiẽt
enuoyé; & a ceux-cy vne autre petite
troupe de soldats d'Orthés, & chafque ville defraïoit ces gens, & voyla
tout.

P.

Que te semble de cela?

M.

Premierement les villes qui les ont
enuoyez & qui payoint leur despence
sont crimineles de leze Majesté; Se-
condemẽt il faut remarquer que tout
cecy na esté qu'vn Fantosme, & qu'vn
Idole de guerre, car ceux qui ont cre-
dict dans le party des Huguenots en
Bearn, ōt fait auec les Ministres qu'ils
enuoyassent cōme cela gens par quar-
tier, afin de faire entendre au Roy que
le Bearn estoit & de grande importan-
ce, & fort mutiné, qu'il faloit craindre
vne grande desolation, & qu'ainsi il
faloit differer l'execution de son Edit.
Autant pour le Brodeur; Monsieur le

Baron de Puyane braue & fidele caua-
lier s'il y en a en Fraace, est capable
de donner la fieure quarte a tous les
soldats Huguenots mutins de Bearn,
auec la seule leuée de gens, qu'il peut
faire en vingt & quatre heures. Que si
les Catholiques n'estoient pleins de
moderation, ces Saulniers d'Orthés
& de Salies, ne s'en seroient point re-
tournez de Pau sâs mouche sur playe,
mais eux qui sont endurcis a la patié-
ce, & habituez au respect qu'il faut rê-
dre aux Roys, ne s'esbranlent point
aux premieres passions, attendent que
Dieu assaisonne tout a son honneur,
& qu'il se glorifie en leurs souffrances.
   Et que peuuêt en effect tous les Huguenots de Bearn? s'ils sont cent il y
a trois mille Catholiques? s'ils ont
quelque noblesse, ne content-ils pour
rien la la nostre? Ne faisons point pa-
rangon d'antiquité a l'antiquité, d'vne
extraction a l'autre, suffit que la Fráce,

ſçache que vallēt les maiſons, les cou-
rages, & les eſpées du Comte de Gra-
mond, & des Barons & Seigneurs de
Mieuſſens, de Lagoo, de Sainte Co-
lombe, de Las, de Momas, qui trai-
neront auec eux le reſte de la nobleſſe
Catholique quand il ſera beſoin pour
le ſeruice de leur Prince.

N'y en Bearn, n'y ailleurs, les Huguenots ne ſont pas ſi fors, qu'ils ſe
puiſſent faire craindre. Ceux de la Ro-
chelle ſont puiſſants dans leurs mu-
railles, cõme Blereaux dãs leur tanie-
re. La campagne leur faict peur deſ-
puis qu'ils ont ouy vn Echo qui reſon-
noit Paſſordieu, & quãd ils voudroiēt
ſecourir les rebelles de Bearn, par ou
paſſeront ils ? s'ils vont par Mer,
ie les recommande a Bayonne, s'ils
vont par terre : Dax, Sainct Seuer,
toute Lachaloſſe ſera t'elle endor-
mie ? ces diſcours ſont bons a eſpou-
uēter les enfans, & a entretenir le peu-

ple, mais en effect les Hugenots font
fans chef, fans gens, fans moyens;
Toutes leurs forces font diuifées, &
auant qu'ils fe puiffent iamais vnir,
chafque Gouuerneur les peut d'effai-
re en fa Prouince fans toxain. Les ha-
billes d'entre eux le cognoiffent bien.
P.
Quand Monfieur le Commiffaire à
efté arriué à Pau, qui la efté vifiter?
M.
Tous les Catholiques : tous les nobles Catholiques tât du pays, que cir-
conuoifins, mais pas vn Huguenot,
pas vn Gentil homme d'entr'eux ny a
efté, exépte le fieur Depons confeiller
Braue & digne Senateur, loyal a fon
Roy, & en qui on ne defire que la co-
gnoiffance de la vraye Religiõ. N'eft-
ce pas refmoigner vne fort mauuaife
affection au feruice de fa Majefté, de
n'aller point vifiter fon Commiffaire?
de ne luy donner point vn Salut? Il eft

problable

problable qu'on en feroit autant au
Roy mesme.

P.

Hô Menijon c'est bien autre affaire,
ministres & huguenots l'iroiēt adorer.

M.

Patience, Peyrot, si ie vous mon-
stre qu'ils l'appellēt *pariure*, qu'ils l appellent *Heretique*, qu'ils l'appellent
Tiran, ne vous fais ie point cognoistre qu'ils l'iroient plustost saluer en
Iudas qu'en subiects, en Caïns qu'en
Abels? Or pour n'vser d'aucune sup-
position, ie vous aduise qu'ils ont faict
Imprimer vn discours à Orthés, & nõ
à Londres, comme ils disent, ce mois
icy auec ce tiltre, *Discours des Eglises
reformées de la souueraineté de Bearn, tou-
chant la mainleuee des biens Ecclesiastiques
accordée par le Conseil du Roy aux Euess-
ques Romains*; ou ils comparēt le Roy,
à *Lysandre Pariure en la page 7. & a l'im-
pie Achab, & à l'Heretique Valentinian*

F

le ieune en la page. 15.

Plutharque raconte de Lysandre, qu'il estoit cauteleux, qu'il faisoit ses affaires par tromperie, qu'il ne faisoit compte de la Iustice, qu'entant qu'elle estoit vtille, qu'il ne faisoit plus d'estat du vray que du faux, que ceux qu'il arrestoit soubs la fiace de ses paroles, il les faisoit mourir malicieusement, qu'il ne faisoit point de conscience de le pariurer, disant qu'il faloit tröper les hommes par sermëts. Si le Roy est vn Lysandre comme disent les Ministres, qui ont composé ce discours, il est donc vn trompeur, vn Iniuste, vn hypocrite, vn Pariure; c'est le desaduouër pour leur Roy, car vn'ame née pour porter legitimement le Septre, est eslognée de cautelle, de dissimulation, d'impieté, de perfidie, c'est l'exposer a la mercy de quelque desesperé pour le perdre, c'est semer vne reputation de luy, qui luy conci-

lie la haine & l'auersion des peuples,
c'est le rendre suspect aux estrangers
& domistiques, c'est rendre les grands
& les petits en mesfiance de ses paroles, & en detestation de sa puissance.

Et en effect en *la page* 14. *ils disent
qu'on ne doit point trouuer estrange si leurs
peuples s'esmeuuent & se laissent aller à paroles de liberté :* leurs peuples, ont ils
des peuples les Ministres? les peuples
ne sont ils pas tous au Roy? leurs peuples se laissent aller à paroles de liberté, parlant auec vne si desbordée insolence du Roy que de l'appeller *pariure.*
A la verité ce sont leurs peuples ; car
les peuples Catholiques se tiennent
plus serrez par les loix de leur Religiõ
& de leur honneur : mais qui n'a ny
honneur n'y Religion, parle effronte-
ment du Roy.

Quoy, Messieurs du Parlement de
Pau, l'atrocité de ceste parole ne sera
point vengée par vostre Iustice? que

dira de vous la posterité ? mais s'il y
arriue quelque accident en la person-
ne Sacrée du Roy, en suitte de ceste
calomnie, n'en serez vous pas coulpables, par vostre ou tollerance ou
conniuence ? pourquoy estes vous
assis sur les fleurs de lys, que pour cō-
seruer leur honneur ? si l'iniure s'ad-
dressoit au moindre de vous en particulier, vous ne cesseriez d'en poursui-
ure la descouuerte & d'en infliger le
chastiment : pourquoy deuez vous
estre insesibles aux playes, que la mes-
disance fait a la reputation de vostre
Roy? si vn prestre en la chaleur de son
zele, & en l'ardeur de sa predication
auoit parlé en Bearn des Ministres,
qu'en les appellant, Messieurs, incon-
tinét il y auroit prinse de corps, & fau-
droit passer le guichet; & auiourd'huy
que de sang froid, qu'apres longue
meditation, que par le conseil de plusieurs, & par l'approbation de tous les

Ministres, on faict vn discours qu'on
polit & repolit, sur lequel on passe cēt
fois l'ongle, vous ne vous formalise-
rez pas de ce qu'ō appelle vostre Roy
parure? c'est l'obiect qu'on donne a
vn'ame damnée: & en nostre pays la
plus pesante iniure, qu'on puisse donner a vn flasque c'est de l'appeller *espier-
iurat*, & vous ne vous esmouuez non
plus que des statues, si on flestrit vostre Roy, si on le traicte auec infamie.

Mais ce discours le compare a l'Heretique Valentinian, qui vouloit obte-
nir de Sainct Ambroise vn tēple pour
les Arriés, de la creance desquels il e-
stoit. Ce raport manque en beaucoup
de choses, car premierement ils ne sōt
point des Ambroises, mais miserables
pique-puces, qui ont plus la façon de
crieurs de moustarde, que d'honestes
gens. 2. Ils ne sont pas Euesques, ains
pauures Roturiers, paisans habillés
de noir, nipes & guenilles. 3. Ils n'ōt

point des téples; ceux qu'ils posſedent
par vſurpation , & jniuſtice ſont aux
Catholiques; ils n'ôt iamais eu lemoy-
en n'y la deuotion d'en baſtir aucun,
trois Pigoniers qui ont eſté faicts de
nouueau, & qui leur ſeruent a Laſcar,
a Iuráſon, a Moneing, ſont baſtis aux
deſpens communs des Catholiques &
Heretiques , & ce que les Heretiques
deuoient payer, a eſté ſupplée en leur
deſcharge par le reuenu Eccleſiaſtique, que les Miniſtres derobent ſoubs
pretexte d'aumoſnes , pour les pauures. Comment diſent ils donc leurs
temples , funeſtes Chahuans, qui ſe
ſont nichés dans les vieilles maſures
de la pieté de nos deuancieres? Autár
y ont ils de part que la freſée, qui trou-
bla la derniere ſolennité du jeune Huguenot, qu'ō faiſoit ceſte année à Ortés pour ſe diſpoſer a la coniuration
&gregalité de deſobeiſſance contre le
Roy; autát y ont ils de part qu'Iſmael

en l'heritage d'Isaac; que la concubi-
ne en la couche de la chaste & legiti-
me espouse.

Mais pour ne m'escarter point, Peyrot, ils comparent nostre Roy à l'Heretique Valentinian; en veux tu sça-
uoir la raison? C'est pour le mettre en
butte aux haines, & aux glaiues pu-
blics. Les Heretiques sont appellez
en la saincte escriture *Loups, Larrons,*
& Reprouuez; si reprouuez, il les fault
detester, si larrons, il les faut perse-
cuter, si loups il les faut tuer, affin
qu'ils ne ruinēt le troupeau. Ainsi pour
abandonner nostre Roy, a la haine, a
la tribulation, au couteau, ils le comparent a vn Empereur Heretique &
violent.

Sont-ce cela ces Freres en Christ qui
feignent de prier auec les premiers
Chrestiens, *page 16.* que Dieu donne
au Roy vne longue vie, vn empire as-
seuré, des années puissantes, vn Senat

fidelle, vn peuple obeïſſant? Les men-
teurs! ô hyenes, ô crocutes, qui con-
tre-font les voix des hommes pour les
deceuoir & meurtrir! Commēt pou-
ues vous deſirer afficacement vn peuple obeyſſant a voſtre Roy, ſi vous e-
ſtes affermis au refus de ſes deſirs cōme vous dictes en *la page* 15. Commēt
luy ſohaitez vous vn Senat fidelle, ſi
tous les iours vous eſtes apres les Cō-
ſeillers de Pau, pour les ſeduire & at-
traire en la ſocieté de vos malignes
cōſeils? Cōment affectiōnez vous que
ſon Empire ſoit aſſeuré, veu que vous
tachez de lesbrûler par toutes voyes,
ſollicitant les Huguenots vos confreres, de France en la *page* 17. a s'aſſher
auec vous, contre la fermeté? n'at'on
pas dit que vous auiez ſongé à vn nouueau Roy, & que vous luy en auiez
eſcrit? Comment voudriez vous qu'il
euſt vne longue vie puis que le repre-
ſentāt Heretique vous criez au Loup,
au Larron,

au Larron, au Reprouué, Et auec tout
cela, vous dites en *la page 16.* que vous
priez pour le Roy en vos temples plus
souuent en vne sepmaine que les Catholiques en tout vn an ? Bouches
d'Aspic, le venin est soubs vos lágues.
Le Roy n'a que faire de vos prieres,
car Dieu n'exauce point les pecheurs:
autant seruent vos oraisons deuant sa
Majesté eternelle, que celles des plus
infames Mahometãs de la terre. Vous
n'auez que le nom de Chrestiés, vous
n'en auez pas la foy ; vous n'estes pas
dans l'Eglise, & consequement toutes
vos oraisons ne valent pas vn festu,
voire elles se conuertissent toutes
en peché, comme le miel deuient venin en la bouche des Serpents, & les
herbes salutaires deuiennet nuisibles,
quand vn Crapaut à vomy dessus.

Vous priez pour le Roy, aux Fune-
railles duquel vous voudriez auoir
assisté : tout ce que vous en faictes ce

n'est pas amour du cœur, c'est vne forme exterieure & toute politique, pour
faire les bons valets, autrement, vous
desires tant que vous estes, qu'il n'y ait
point de Roy au monde : le Roy d'Angleterre, vous à accusez en son liure
à son fils, que vous luy vouliez mal
pour cela seulement *qu'il estoit Roy.*
Estre Roy & Criminel est tout vn parmy vous.

Apres que les Ministres ont compa-
ré le Roy à Lysandre le pariure, à Valentinian l'Heretique. Ils le comparêt
à Achab le tyran, qui voulut auoir in-
iustemêt & pour son plaisir la vigne de
Naboth : icy ils supposent faussement
que comme la vigne de Naboth estoit
à Naboth, ainsi le reuenu des Ecclesiastiques du païs leur apartiêt, comme si vn possesseur de mauuaise foy
pouuoit prescrire iamais, Herodes
pour auoir deuers soy la femme de so
frere, pouuoit il dire qu'elle estoit legi-

timement sienne? & si vne Ministresse
auoit esté forcée par vn adultere ne seroit elle pas a son mary, Ministre auec
le panache & appanage, & non point a
l'adultere? 2. Ils disẽt que le Roy leur
oste ce qui leur est deu iustement pour
le diuertir a l'entretien des exces & des-
bauches des Ecclesiastiques Romains.
page 14. Est-ce leur oster le leur, si on
leur oste, cõme a de mal heureux Cou-
rets ou Guilleris, le bien qu'ils ont des-
robé si on leur faict rendre ce qu'ils
ont enuahy, ce qu'ils se sont appropr1-
ez, ce qu'ils ne peuuent vsufructuer
qu'au preiudice d'autruy? qu'ils mõ-
strent dans les antiennes fondations
des reuenus donnés à l'Eglise, qu'on y
parle des Ministres du Fleurdelizé
Caluin? qu'ils monstrent leur droict
Canon la dessus? & s'il faut croire rien
n'appartenir a la gloire de Dieu que
ce qui est en la saincte Escriture qu'ils
y monstrent comme quoy les dixmes

G ij

doiuent ceder a faire boüillir la mar-
mitte , d'vne vingtene de Miniſtres
pedeſcaux , d'vne vingtene d'eſcali-
bourds, & du reſte des predicans, Sa-
les excrements de quelques vieilles
pancartes de village ? ſi les paiſans,
ſelon Monluc, ont, au Cōmancement
de ceſte ſecte , demandé texte en la Bi-
ble, pour ſçauoir s'ils eſtoient obligez
a payer les Tailles ouy, ou non, qu'on
ne trouue point eſtrãge que ie me ſer-
ue de pareil argument : l'vn vault lau-
tre. Ils diſent *page* 14. que le deſſeing
du Roy, eſt de diuertir le reuenu aux
deſbauches des Eccleſiaſtiques. ceſte
penſee n'eſt pas Royalle, quelque eſprit morfondu la conçeüe, & pource
qu'elle cauloit en fraſe, il a creu qu'elle ſeroit de miſe aux deſpés de ſe faire
appeller Sot. D'ailleurs ils n'ont pas
ſubiect de parler des excez des Eccleſiaſtiques en Bearn, ou par la grace de
Dieu, il y a treſbon reglemēt ſaincte-

ment eſtably, & religieuſemét gardé,
c'eſt pour rendre a Dieu ce qui appartient a Dieu, qu'õ vous tire des mains,
ce que voſtre ſacrilege auoit prins a-
uec violence : la Royne Ieanne n'a-
uoit iamais eu intention de toucher
l'encenſoir; elle ne vouloit point meſ-
ler les dons de Dieu, auec les domai-
nes de Cæſar; voſtre impieté, Miniſtres, voſtre ame auſſi crocheüe que
vos mains l'inclina a cela, vous ſeruãs
de ſa facilité, pour eſtançonner voſtre
perfidie, & de ſon auctorité pour eſta-
blir voſtre domination.

Vous l'euſſiez eue bien plus grande
ſi le Seigneur de Mieuſſens pour lors
Lieutenant General du Roy, comme
vous dictes *en la page 5.* par vne prouidence diuine, & par le rare & excel-
lent zele, qu'il auoit a la Religion Catholique, n'eut aboly voſtre Chambre
Eccleſiaſtique, ou vous vouliez pre-
ſider pour auoir la direction des biẽs

selon voſtre gré. C'eſte renrarque ne
ſera pas inutile pour hauſſer le courage à Monſieur le Baron ſon fils, qui a
eu l'honneur d'auoir eu vn pere ſi vail-
lant, ſi acquis pour le Roy, ſi preuoy-
ant pour l'Egliſe, ſi ennemy des deſ-
ſeins Heretiques.

Mais pour toucher au point principal, ils diſent que le Roy, eſt vn Achab.
Achab dict la ſaincte Eſcriture eſtoit
vn tirā qui vexoit jniquemēt Naboth,
vn ennemy des Prophetes, vn homme
abominable, vn idolatre, vn Prince
qui mourut d'vn coup violēt, & dequi
les chiens lecherent le ſang.

O grand Roy! voyez en quel pre-
dicament vous mettent les Miniſtres;
& quel heroſcope ils tirent de voſtre
fin? c'eſte iniure en leur intētion vuide
les cœurs de vos ſubiects d'amour, &
arme leur mains de fer contre voſtre
Corone. *C'eſt contre droict & contre rai-*
ſon, qu'on nous deſpouille dit le diſcours en la

page 14. C'est la Religion qu'on atta-
que, *& sommes resolus de mourir plustost
que rien relacher* en la page 17. les voyla
determinez contre vous Sire, comme
contre vn *Lysandre,* contre vn *Valentinian,* contre vn *Achab,* c'est a dire en
leur entente *plus que Diabolique,* côme
contre vn abominable, contre vn jdo-
latre, contre vn tyran. Vostre Majesté
est toute prudente pour pouruoir a
l'expiation de cest outrage: la puissance ne vous manque point: vous n'auez
pas dizette de subjeds fidelles : Dieu
qui vous a conserué & esleué auec de
si prodigieuses graces, que vous par-
roissez au monde comme le miracle
de sa prouidence & protection, vous
accompagnera de tout bon heur: le
ciel plicra a vostre obeyssance: les anges porteront vos intentions aux ef-
fects: Accomplissez vos promesses sur
vostre pauure souueraineté de Bearn:
replatez y la Croix de vostre Sauueur,

faictes y florir la pieté, & souuenez
vous eternellement de ceux qui Blaf-
phement si atrocement & auec tant
de hardiesse contre vostre Majesté.

P.

Tu mas bien tenu parole Menijon.
Car ie ne pensois pas que les Ministres
fussent si auant dans l'impudence &
l'effronterie:mais à ce que ie voy quelque mine qu'ils facent ils haissent les
Roys.

M.

Sur ce subiect la ie t'en diray vn autre fois nouuelles : & te feray cognoistre leur felonnie plus au long, main-
tenant reposons nous.

P.

Sera-ce a nostre premier rencontre
que tu mentretiendras de cela?

M.

Ouy; & vuideray la question des
Huguenots, qui voudroient ne payer
les dixmes de leurs terres , pour-ce

qu'ils ne

qu'ils ne recognoiſſent pas les Preſtres
pour leurs Paſteurs? Il ne tient qu'a
eux, qui ſe ſont ſeparez comme rebel-
les&ſchiſmatiques: or leur retranche-
ment ne peut pas priuer les Eccleſiaſtiques du reuenu des fondatiõs qu'ils
poſſedent par droiĉt Diuin, Canõ, &
Ciuil. Vn Vaſſal qui auroit ſon bien
oblige à de grands hommages a l'en-
droit d'vn ſeigneur, ſeroit-il exempt
de payer, encore qu'il ſe reuoltat & ſe
retirat de luy faĉtieuſement? Au con-
traire, il ſeroit puniſſable pour ſa ſe-
paratiõ, & le bien payeroit touſiours
l'hommage, ou ſeroit confiſqué au
Seigneur: Il en eſt ainſi des terres qui
doiuent à l'Egliſe; le ſchiſme des de-
tenteurs d'icelles ne les rend point im-
munes de tribut: ſi d'horreur de payer
aux Pbreſtres, ils les laiſſent en friche
& ſterilité; qu'ils s'en aillent en Eſpa-
gne, remplir le vuide que les Moriſ-
ques ont laiſſé; Les Eccleſiaſtiques

donneront bon ordre au fonds.

P.

Mais si les Ecclesiastiques iouyssent
entierement de tout ce qui leur appartient , dequoy viuront les Ministres?

M.

Tu n'as point pitié de moy, ie suis
las : nous en parlerons vn'autre fois.
Mais afin que tu ne sois point en peine
de leur Cuisine : le Roy par sa clemé-
ce & debonaireté singuliere assigne
leur entretien sur son Domaine, d'ou
ils tireront tousiours leur denier quite
& liquide. Que s'il leur oste la main
du plat de l'Eglise, c'est acause qu'il
ne peut point dõner le bien d'autruy:
mais du sien propre, il en peut dispo-
ser selon son bon plaisir, & pour le
bien de son Estat, pour lequel il fault
parfois donner des pēsions aux Chrestiens, aux Infidelles, aux Heretiques,
aux Schismatiques, selon les raisons
Politiques. Or le bien de la Paix estāt

de la plus grande confideration qui
puiffe eftre en vn Royaume, Il n'y a
point de doubte, que les Miniftres fe
tenants en paix le Roy fera auffi con-
tant de leur continuer leurs penfions,
comme il à efté liberal a leur promet-
tre; fa Confcience n'y les Loix de la
Religion Catholique ne repugnant
point a cela, cõme les Miniftres font
famblant de craindre en *la page* 8.
de leur difcours. Car en ce Cas, ce
n'eft pas l'Herefie que le Roy ftipádie,
nõ plus que le Turcifme s'il auoit dès
Turcs a fa folde : Il ne regarde que les
perfonnes refpectiuemét au repos de
fon Eftat, à Dieu Peyrot; Brifons icy.

FIN.

[illegible]

www.ingramcontent.com/pod-product-compliance
Ingram Content Group UK Ltd.
Pitfield, Milton Keynes, MK11 3LW, UK
UKHW022148070726
13613UKWH00003B/1438